La
BUENA VIDA

¡Y cómo la puedes tener!

PATRICIA KING

La Buena Vida ... ¡y cómo la puedes tener!

Publicado por:
Patricia King Enterprises
Distribuido por:
Patricia King Ministries
PO Box 1017, Maricopa AZ 85139
PatriciaKing.com

ISBN: 978-1-621660-503-8

Dedicado a todas
las personas que anhelan
una Buena Vida.

CONTENIDO

LA BUENA VIDA

¿Alguna vez te has preguntado cómo sería vivir la buena vida? Anímate – sueña un poco. Relájate y piensa – contempla ... imagina... ¡sí! ¡Así! Deja volar tu imaginación. No pienses en términos pequeños. Permite volar a tu corazón.

Atrévete a creer que los anhelos de tu corazón verdaderamente son posibles de obtener. Fuiste creado para vivir una vida llena y próspera. Fuiste creado para la Buena Vida y todas las cosas son posibles sin importar cómo se vea tu vida ahora. Podrías estar parado, justo en este momento, en el umbral de tus logros más asombrosos. Es posible que las puertas de cambio y de oportunidad se te abran en el futuro cercano más allá de lo que te puedas imaginar. Fuiste creado para esta Buena Vida. Fuiste creado para vivir en bendición.

Justo al principio de la Biblia nos encontramos con el relato de la creación. Después de que Dios creó a la humanidad, Él declaró Su voluntad para nosotros:

"Y los bendijo Dios con estas palabras: "¡Reprodúzcanse, multiplíquense, y llenen la tierra!" (Génesis 1:28). Bendecir significar invocar el favor sobre algo o alguien y mostrar bondad, amabilidad y gracia. El deseo de Dios era ver que toda persona que Él creaba viviera en Sus bendiciones. ¿Puedes comprender esto? Fuiste creado para vivir una vida llena de todo lo bueno, salud, paz, prosperidad, productividad y fruto. Esto siempre ha sido el plan de Dios. Has sido llamado y escogido para esta Buena Vida sin importar tu sexo, edad, nacionalidad, o trasfondo social o educativo.

Esta es la razón por la cual cualquier cosa que no cae dentro de esta categoría no se siente cómoda. No fuiste creado para escasez o tragedia. Fuiste hecho para disfrutar de bendición y fruto. Fuiste diseñado para experimentar paz y bienestar. Fuiste creado para la Buena Vida ¡y la puedes tener!

No importa qué has experimentado en el pasado, cómo fue tu crianza, cuáles errores has cometido; este es un nuevo día para ti. Puedes entrar a la Buena Vida – ¡es tu porción!

Échale una mirada a las siguientes áreas e imagina cómo se vería cada una si todos tus sueños se cumplieran en cada categoría. Haz anotaciones en cada sección, describiendo cómo esa Buena Vida se vería para ti.

Por ejemplo, en la categoría de relaciones personales, puede que escribas en la sección bajo Matrimonio palabras descriptivas tales como:

amoroso, pacífico, íntimo, afirmador, unido, respetuoso, sexualmente satisfactorio, financieramente cómodo, etc.

Estas palabras posiblemente describen para ti cómo se vería un buen matrimonio. Si no estás casado, posiblemente quieras escribir tus sueños de lo que deseas en tu matrimonio cuando encuentres tu pareja ideal. Sueña e imagina cómo sería esa relación matrimonial perfecta para ti. Haz lo mismo en cada categoría.

> FUISTE HECHO PARA DISFRUTAR DE BENDICIÓN, FRUTO, PAZ Y BIENESTAR. ¡FUISTE CREADO PARA LA BUENA VIDA!

Mis Sueños

1. Relaciones personales

a. Familia (familiares)

_____

_____

_____

_____

b. Matrimonio

_____

_____

_____

_____

c. Hijos

_____

_____

_____

_____

d. Amigos

_____

_____

_____

_____

2. Salud y belleza

a. Salud física

_____

_____

_____

_____

b. Salud emocional

_____

_____

_____

_____

c. Salud mental

_____

_____

_____

_____

d. Peso

_____

_____

e. Condición física

_____

_____

_____

_____

f. Apariencia exterior

_____

_____

_____

_____

g. Atuendo

_____

_____

_____

_____

3. Educación

a. Escuela de Segunda Enseñanza

_____

_____

b. Educación posterior

_____

_____

_____

c. Adquirir nuevas habilidades

_____

_____

_____

_____

4. Recreación y social

a. Deportes

_____

_____

_____

_____

b. Intereses y eventos sociales

_____

_____

_____

_____

c. Vacaciones y viajes

_____

_____

_____

_____

5. Espiritual

a. Fe

_____

_____

_____

_____

b. Valores morales

_____

_____

_____

_____

c. Paz

_____

_____

_____

d. Oración y tiempo devocional

_____

_____

_____

_____

e. La iglesia donde asisto

_____

_____

_____

f. Benevolencia (actos de bondad hacia otros)

_____

_____

_____

_____

6. Financiero

a. Necesidades

_____

_____

_____

_____

b. Deseos

_____

_____

_____

_____

c. Ingresos

_____

_____

_____

d. Inversiones

_____

_____

_____

e. Propiedades

_____

_____

_____

f. Pertenencias personales

_____

_____

_____

_____

7. Carrera

a. Tu campo deseado

_____

_____

_____

_____

b. Avance y crecimiento

_____

_____

_____

_____

c. Promoción en el empleo

_____

_____

_____

_____

¿Verdad que fue divertido soñar? ¿Quieres que esos sueños se cumplan? Sigamos.

Capítulo Dos

Sueña

La importancia de soñar

Frecuentemente, cuando las personas simplemente están dando vueltas sin poder avanzar hacia un sentido de realización y productividad en la vida, es porque no se han atrevido a soñar. Tienes que tener una visión que viva dentro de ti.

Un sueño puede definirse como algo que se anhela, una visión o deseo, una aspiración.

Toma tiempo para conectarte con los sueños, las visiones y los deseos de tu corazón y no temas soñar en grande, Dios te creó con la habilidad de soñar e imaginar. Te ayudará a alinear tu visión con Su voluntad si confías en que lo hará con tu fe sencilla. Es un pensamiento maravilloso saber que el Señor de la visión creativa está presente para ayudarte.

En la primera sección escribiste algunos deseos, pensamientos y aspiraciones para varias áreas de tu vida. Revisa tu lista nuevamente, mientras te preguntas: "¿Es esto posible?" En la mayoría de los casos llegarás a la conclusión de que, "Pues, sí... Pienso que es muy posible que se logre."

Atrévete a creer y a descubrir una nueva emoción levantándose en ti ante la posibilidad de que tus sueños se realicen. Fuiste creado para soñar y necesitas soñar. No tengas temor y no permitas que experiencias negativas del pasado, cuando tus sueños y deseos fueron abortados, te detengan ahora. Es un nuevo día. ¡Cobra valor y ánimo!

Tratando con sueños rotos que nunca se cumplieron

Dedica algunos momentos para pensar acerca de sueños rotos o que no se cumplieron. Anótalos en el espacio provisto a continuación. Escribe también cómo te sentiste porque no se cumplieron. ¿Estabas enojado? ¿Resentido o herido? ¿Desilusionado? ¿Con temor? ¿Hiciste algún juramento o voto personal con una declaración tal como, "¡Jamás volveré a soñar!"?

Aunque estas reacciones son muy comprensibles, son impedimentos para vivir la Buena Vida si no sabes cómo tratar con estas situaciones debidamente. Todos en algún momento sufren desilusiones, y algunas son muy serias y agraviosas, pero tenemos que seguir adelante o viviremos toda nuestra vida con un alma amargada lo cual produce todavía más desilusión y dolor.

ESTABLECE UN ALTAR DE OFRENDA

Hay situaciones en las cuales necesitamos establecer un altar en la vida – un lugar donde rendimos y entregamos todo a Dios como un sacrificio. El rey David compartió su corazón en el Salmo 131:1; "No me intereso en cuestiones demasiado grandes o impresionantes que no puedo asimilar". Él le entregaba a Dios las cosas que eran demasiado difíciles para comprender. Nunca conoceremos las respuestas a algunas de las situaciones difíciles que hemos experimentado en la vida, pero tampoco fuimos creados para vivir con ansiedad, ofensa, o con un alma amargada como resultado de retener todo. En medio de su total agonía, Job pudo confiar en Dios aun cuando no entendía. Como un sacrificio de alabanza, proclamó en medio de su desesperación, "Bendito el nombre del Señor". Después de pasar sus grandes pruebas, Job pudo vivir una buena vida. Había sufrido mucho y perdió

DIOS TE AYUDARÁ A ALINEAR TU VISIÓN CON SU VOLUNTAD. CONFÍA EN ÉL.

mucho, pero no miró hacia atrás. El resto de su vida se
vio enriquecido con abundancia y plenitud. Así puede
ser tu vida también.

A continuación, haz una lista de desilusiones y sueños no cumplidos en tu vida en el pasado y en cada caso
describe tus reacciones emocionales o votos personales
que hiciste como resultado de tal desilusión

MIS DESILUSIONES Y SUEÑOS NO CUMPLIDOS

1._____

_____

_____

_____

_____

_____

2._____

_____

_____

_____

_____

_____

3._____

_____

_____

_____

_____

_____

4._____

_____

_____

_____

_____

5._____

_____

_____

_____

_____

A veces es sanador escribirle una carta a Dios, compartiendo tu corazón y tu dolor. Expresa tus verdaderos sentimientos sobre papel. Esto ayuda a sacarlos de los

lugares escondidos de tu banco de memorias emocionales. Posiblemente desees escribir tal carta en el espacio
provisto. No reprimas nada. Dios tiene grandes hombros
y un gran corazón. Él te ama y quiere que seas libre.
Expresar el dolor y el enojo que ha morado en tu corazón,
frecuentemente es como expulsar el veneno que ha estado
dentro de tu sistema.

Querido Dios,

_____

_____

_____

_____

_____

_____

_____

_____

_____

_____

_____

_____

_____

_____

_____

_____

_____

_____

_____

Ahora que sinceramente has expresado tus sentimientos, volvamos y enfoquémonos en librarte del dolor de esta situación. Comienza con perdonarte a ti mismo y a cualquier otra persona que pudiera haber impedido que tus sueños se cumplieran. La falta de perdón es como veneno en tu alma y te mantendrá confinado en una prisión emocional – es importante perdonar. Es igualmente importante arrepentirte de cualquier juicio que has hecho en contra de cualquier persona. Cuando juzgamos a otros, nos estamos colocando en una situación en la cual nosotros seremos juzgados en mayor medida. Es una ley espiritual. Lo que nosotros les damos a otros, nos será devuelto – apretado, sacudido para que haya lugar para más, desbordante ... (Lucas 6:38 NTV).

Algunas veces hasta juzgamos a Dios. Aunque no comprendamos por qué los sueños, deseos y nuestras oraciones no se han cumplido ni contestado, nunca debemos juzgar a Dios. Él te ama mucho y comprende tu desilusión, pero la verdad es que no es Su culpa. Algún día comprenderás totalmente.

También es importante romper el poder de cualquier voto interior que posiblemente hayas hecho como resultado de sueños no cumplidos o rotos. Los votos interiores son decisiones que tomamos en nuestro corazón como resultado del dolor, y son pistas de aterrizaje para que entre aun más dolor a nuestras vidas. Obran como una maldición – de hecho, son maldiciones que nos hemos auto-impuesto.

Conocí a alguien que quedó muy herida a causa de una relación romántica cuando contaba con algunos 18 años de edad. Su corazón quedó deshecho. Cuando la relación terminó, ella declaró, "¡Jamás volveré a entregar mi corazón a un hombre!" Ella de hecho hizo un voto interior. Al hacer este voto, sin darse cuenta se estaba maldiciendo a sí misma con nunca casarse, aunque muy dentro de sí tenía el deseo de entrar en una relación con alguien. A mediados de sus treinta, ella anhelaba casarse, pero por casi veinte años, nadie del sexo opuesto siquiera se había fijado en ella.

Un día mientras oraba acerca de la situación, se acordó del voto que había hecho tantos años atrás. Le pidió al Señor que la perdonara y renunció al voto ese día. Al cabo de un año, se casó. No es difícil romper un voto interior. Simplemente le pides perdón al Señor por haberlo hecho, y luego renuncias a dicho voto, lo cual significa que oficialmente te estás separando del mismo.

El altar de memoria

Una vez que has perdonado a quien que te ha herido (incluye perdonarte a ti misma), te has arrepentido de los juicios que has hecho y has renunciado a los votos internos, entonces puedes depositar tus sueños rotos, deshechos y sin cumplir ante el Señor. Ríndeselos a través de una oración sencilla.

Esto se convierte en un altar.

Un altar es como un lugar memorial. Es un lugar de ofrenda y sacrificio. Ahora mismo, puedes decidir entregarle a Dios todos tus sueños fracasados del pasado así como tus desilusiones. Así es, puedes soltarlo todo y depositar toda tu confianza en Dios. Puedes colocar tus desilusiones y tu dolor delante de Él como un sacrificio, una ofrenda. Entrégalos todos a Él. Él es más grande que todo lo que ha transcurrido. Es más grande de lo que estás enfrentando ahora y te puede ayudar a rendir todas tus desilusiones.

> ENTREGA TUS DESILUSIONES Y TU DOLOR A DIOS COMO UN SACRIFICIO. ÉL LOS RECIBIRÁ.

Algunas veces las personas piensan que un altar solo se refiere a un sitio especial dentro de una iglesia en otro lugar, o como algo hecho de materiales especiales, como piedra o madera. El altar al cual nosotros nos estamos refiriendo, sin embargo, es un lugar especial dentro del corazón. Los materiales de construcción son un corazón contrito y quebrantado. Si deseas, puedes hacer un altar ahora mismo al escribirle a Dios una carta de entrega. Haz una lista de todos los sueños que no se cumplieron y entrégaselos. Él está contigo y recibirá tu sacrificio como un regalo.

Querido Dios, te entrego mis siguientes desilusiones y fracasos:

1._____

_____

_____

_____

2._____

_____

_____

_____

3._____

_____

_____
_____

4._____
_____
_____
_____

5._____
_____
_____
_____

Te los entrego como un sacrificio. Ahora son tuyos. Señor, por favor, ahora quita todo el dolor en mi corazón que he sufrido a consecuencia de estas desilusiones. Perdóname por cualquier amargura u ofensa y ayúdame a confiar otra vez. Ayúdame a soñar otra vez. Ayúdame a vivir la Buena Vida. Amén.

Esto ahora es un memorial, un altar de remembranza. Probablemente quieras ponerle fecha. Siempre que sientas que la desilusión está tocando a la puerta de tus emociones, recuerda este altar. Recuerda que le entregaste todo a Dios.

¡Es tiempo de dejar todo atrás y seguir adelante!

SÉ ESPECÍFICO EN CUANTO A TUS SUEÑOS

La Biblia dice que sin una visión el pueblo perece (Proverbios 29:18). Tener una visión fresca y pensar en las posibilidades de la vida probablemente te llenarán de anticipación. Es importante no solo tener un sueño sino también determinar los detalles de tu sueño. Por ejemplo, digamos que es tu deseo comprar una casa. Es una buena visión, pero querrás hacerte preguntas tales como, "¿Qué clase de casa deseo? ¿De qué tamaño? ¿Dónde quiero que esté ubicada? ¿De qué precio? ¿Qué clase de actividades se realizarán allí?" Entre más específico eres con el sueño, más tangible llegará a ser tu sueño dentro de tu corazón.

Me acuerdo de años atrás cuando mi esposo y yo nos lanzamos al ministerio de predicar de tiempo completo y ya no contábamos con un cheque mensual de un empleo. Necesitábamos un auto para poder llegar a las reuniones. Una noche oré en desesperación, "Dios, te pido por un auto pequeño que sea muy económico en cuanto a la gasolina".

Literalmente al siguiente día yo me encontraba en mi oficina y sonó el teléfono. Un caballero estaba en la línea y me preguntó si necesitaba un auto. Él no tenía conocimiento de mi situación ni de mi oración. Emocionadamente le contesté, "Sí, necesitamos uno". Él me comenzó a explicar que había estado en su tiempo devocional esa mañana y que había sentido que me debía hablar y ofrecerme un auto que ya no estaba usando. ¡Yo estaba extática! Le pregunté que si era económico en cuanto al gas y me contestó que sí.

Ese fin de semana mi esposo y yo fuimos para recoger al auto. Definitivamente era pequeño y económico en cuanto al gas, pero era un auto viejísimo y no funcionaba muy bien. Aprendimos muchas lecciones a través de ese vehículo, pero sin duda, una fue que debemos ser muy específicos con nuestros deseos y oraciones.

Escribe tus sueños para que puedas meditar sobre ellos. Esto traerá más definición y claridad. Pensamientos nebulosos acerca de lo que quieres experimentar en la vida no proveerán una pista de aterrizaje para su cumplimiento. Escribirlos te ayudará con ese proceso. A través de muchos estudios y encuestas se ha descubierto que las personas más exitosas tienen visiones muy definidas que han puesto por escrito. Cuando tienes una visión clara, podrás entonces hacer metas y establecer un plan de acción para llevar tus sueños a su cumplimiento.

Una vez que tengas tus sueños bien definidos y los hayas escrito, querrás revisarlos bien para asegurarte de que también son sanos. Recuerda que Dios te creó para la Buena Vida, y quiere que tengas buena visión que te beneficiará a ti y a otros. Tus sueños de ninguna manera deben violar:

Amor

Pureza

Humildad

Honradez

Sabiduría

Integridad

Principios morales y carácter que reflejen la santidad de Dios

Si no estás acostumbrado a creer para que los sueños de tu corazón se cumplan, posiblemente quieras
enfocarte en un solo deseo a la vez. Es sabio comenzar
con los deseos en los cuales tienes la fe para ver que se
cumplen, así como aquellos que no tomarán demasiado
tiempo para cumplirse. Por ejemplo, puede que tu sueño
es ser una gran mamá y criar a hijos que llegarán a ser de
gran valor para la sociedad. Este es un maravilloso deseo
por tener, pero probablemente va a tardarse varios años
antes de que veas totalmente su cumplimiento. También
es muy general. Cuando apenas estás comenzando a
realizar tus sueños, posiblemente quieras probar algo más
específico que tardará menos tiempo para cumplirse. De
esta manera tu fe y niveles de ánimo irán en crecimiento.
Procura escoger algo tangible que se puede cumplir en un
tiempo más corto. La emoción de ver cumplirse un sueño
producirá la fe necesaria para el que sigue y el siguiente.

Recuerdo una ocasión cuando yo deseaba muebles nuevos para la sala. Me puse a buscar muebles en las mueblerías, así como en los medios impresos, y encontré la clase de muebles que quería. La visión era clara, específica, y algo que se podía cumplir dentro de un tiempo corto (¡con un milagro!). Escribí la visión de los muebles y hasta recorté fotografías de los mismos.

Decidí regalar los muebles que ya teníamos a alguien que los necesitaba. Recién se habían trasladado a nuestra ciudad y no tenían nada con lo cual amueblar su departamento que recién habían rentado. Después de regalarles nuestros muebles, nos quedamos con una sala vacía. Sin embargo, en los ojos de mi mente, yo podía ver los muebles nuevos. Me paré en la sala vacía y me imaginé los muebles nuevos. Hasta escribí papeletas que decían: sofá, sillón, mesa de centro, mesas para lámparas, etc. y coloqué los papeles en el lugar donde se acomodarían los muebles una vez que yo viera mi sueño realizado.

Soy extremista y muy dramática, así que cuando venían personas a visitarnos, les invitaba a la sala y les preguntaba, "¿Qué piensan de mis muebles nuevos?" Me miraban un tanto confundidos y luego yo procedía a darles un tour por la sala, describiéndoles mis "muebles nuevos". Todavía no se habían materializado. Todavía era un sueño ... ¡pero cuando menos era un sueño!

En menos de un mes, los muebles reales y tangibles ya estaban acomodados en los sitios donde antes estaban las papeletas. Dieciocho meses después hicimos lo mismo otra vez. Regalamos nuestros muebles y nos sentamos sobre "muebles invisibles" por un par de meses hasta que los tangibles se manifestaron.

Una vez que has realizado un sueño, el próximo y luego el siguiente será cada vez más fácil. Puedes convertir esto en un estilo de vida – un estilo de soñar y ver a tus sueños llegar a ser realidad. Soñar y ser muy claro en cuanto a tus deseos es una clave para vivir la Buena Vida.

ROMPIENDO EL CICLO DE SUEÑOS FRACASADOS

En el campo de los deportes es muy importante que un equipo no experimente demasiadas pérdidas una tras otra. Después de la tercera pérdida, el ánimo del equipo ya queda afectado negativamente y las estadísticas prueban que un patrón de derrota probablemente seguirá el resto de la temporada. Este mismo principio ha demostrado que si un equipo gana tres juegos seguidos, establecen un patrón de victoria.

Muchas personas no experimentan la Buena Vida porque un sueño tras otro ha fracasado. Ahora viven dentro de un patrón de derrota y desilusión. Es importante cambiar el patrón. Si empiezas con un deseo en el cual tienes plena confianza que se cumplirá, tu éxito sin duda está asegurado.

Una vez que el primer sueño se ha cumplido, entonces puedes pasar al que sigue. El sueño cumplido te dará fe para el que sigue y ya estarás en buen camino. Puedes cambiar el curso de tu vida a través de tus sueños y ver que esos deseos se cumplan. Cuando los sueños pequeños se cumplen, entonces los sueños más grandes vendrán con facilidad. De hecho, ya no parecerán tan grandes.

PROCURA SOÑAR

En respuesta a esta lección, ¿por qué no te relajas y comienzas a soñar por un rato? Busca un lugar quieto y relájate. Dile a todo pensamiento de ansiedad que se silencie. Piensa en cosas que son positivas, buenas, y placenteras. Así es – relájate y disfruta de la gloria de las posibilidades. Esta clase de pensar es sana y te refrescará.

Ahora escoge un deseo que quisieras ver realizado próximamente. Escoge algo que crees que se pueda cumplir dentro de los próximos tres a seis meses. Escoge algo que es práctico y tangible para tu primer proyecto. Recuerda que cada sueño realizado preparará el camino para el que sigue.

Escribe tu sueño a continuación con la mayor cantidad posible de detalles específicos que puedas.

_____

_____

_____

_____

_____

_____

_____

_____

_____

_____

_____

_____

_____

_____

_____

_____

_____

_____

_____

_____

Ahora tienes un sueño claro y bien definido. Estás listo para el siguiente paso.

Capítulo Tres

Metas

Si vas a cumplir las visiones de tu corazón, entonces es importante establecer algunas metas muy claras. Las metas permitirán que le pongas pies a tu visión. Hasta que hayas establecido metas, tu visión solo será una visión. Tu sueño es solo un sueño. Las metas sacarán tu sueño de un lugar de contentamiento nebuloso a la aplicación práctica. Las metas serán un punto de lanzamiento para un plan de acción y tu plan de acción permitirá que tu visión se haga realidad.

Toma un momento para mirar el sueño que escogiste en la lección anterior y piensa en él cuidadosamente. ¿Qué metas quieres lograr a través de tu visión? Por ejemplo, si tu visión es comprar una casa, ayudará a solidificar tus metas y objetivos para el nuevo hogar.

Por años estuvimos viajando desde Canadá, donde estaba nuestro hogar y la sede de nuestro ministerio, a Phoenix, donde vivíamos en una casa rodante durante los meses del invierno. Yo viajaba mucho como conferencista, y me daba lo mismo salir de un aeropuerto u otro. Disfrutábamos de nuestra pequeña casa rodante en Phoenix, pero con el tiempo establecimos un equipo ministerial allí, y contratamos a un buen número de personas para completar las tareas que cada vez iban en aumento. De repente nos faltaba espacio y necesitábamos un lugar más grande tanto para nuestras vidas personales así como para las oficinas de nuestro ministerio.

Empezamos a soñar. Decidimos soñar en grande. Yo visualizaba una casa grande con recámaras extras para hospedar, una oficina personal, una piscina, y hasta un jacuzzi. El sueño comenzó a crecer dentro de nuestros corazones y establecimos algunas metas:

1. Comprar una casa nueva con todo lo que veíamos en nuestro sueño.

2. El hogar facilitaría ministerio y hospitalidad para nuestro equipo y otros. Tendríamos en nuestro hogar reuniones del equipo así como huéspedes, familia y amigos.

3. Nuestra meta incluía el uso de la casa para tener una oficina ministerial.

4. Nuestra meta incluía que la casa estuviera cerca de un espacio para oficinas comerciales que pudiéramos conseguir para nuestro equipo y operaciones cada vez más crecientes.

5. Nuestra meta incluía el uso del hogar para estudios bíblicos y un programa de internado que estábamos iniciando.

6. Nuestra meta incluía mejoras que aumentarían la calidad y la inversión a largo plazo de la casa.

Ahora sabíamos cuáles eran nuestras metas así que estábamos listos con un plan de acción para que todo se efectuara. Lanzamos este plan basado en las metas y dentro de nueve meses cada meta se había cumplido. Por varios años vivimos en esa casa con la cual habíamos soñado.

Como líder de un ministerio, es mi responsabilidad no solo recibir visión y dirección, sino también establecer metas para lograrlas. Recientemente nuestro ministerio recibió una visión para cuidar de huérfanos en África. Teníamos el sueño pero necesitábamos metas a fin de ponerle pies a la visión. Sin metas tu visión es solo una visión.

Una pregunta que hacerse es: ¿Qué esperas lograr? En cuanto a los huérfanos, definimos las metas claramente:

1. Establecimos una meta para darle cuidados a dos casas de huérfanos en Mozambique. Esto incluía alimento, abrigo, ropa, cuidados de salud, escuela y demás necesidades para cuarenta niños.

2. Establecimos una meta de trabajar a través de un ministerio existente con el cual estábamos relacionados. Reuniríamos las finanzas, y ellos se ocuparían directamente de las casas.

3. Establecimos como nuestra meta reunir $3,000 dólares por mes los primeros seis meses y luego otros $3,000 por mes después de eso (esto nos daría un total de cuatro hogares dentro de seis meses).

4. Nuestra meta era crecer en compasión por los pobres.

5. Nuestra meta incluía extender la visión hacia otros que también podrían cuidar de huérfanos.

6. Nuestra meta incluía crear una infraestructura de contabilidad que facilitaría el sostén de muchos huérfanos y la edificación de más hogares para niños.

7. Nuestra meta incluía organizar a aquellos de nuestro equipo que visitarían y servirían a los huérfanos y las casas una vez al año.

Una vez que habíamos establecido las metas, estábamos listos para establecer un plan de acción para lograr las metas que cumplirían la visión. Escribí las metas que cumplirían la visión y luego las comuniqué, junto con la visión, a nuestro equipo. Ellos captaron la visión, estuvieron de acuerdo con las metas y comenzamos nuestra travesía. Ahora sostenemos a muchos huérfanos y muchos hogares.

En la sección anterior, definiste un sueño específico en tu corazón. Ahora, escribe algunas metas específicas de tu visión. ¿Qué anhelas lograr a través de tu visión y qué cosas específicas necesitas a fin de lograrla?

Escribe éstas a continuación.

Las metas

1._____

_____

_____

_____

_____

2._____

_____

_____

_____

_____

3._____

_____

_____

_____

_____

4._____

_____

_____

_____

_____

5._____

_____

_____

_____

_____

6._____

_____

_____

_____

_____

Capítulo Cuatro

EL PLAN DE ACCIÓN

Tus sueños nunca se cumplirán si no te ocupas primero de ciertos asuntos prácticos. Una vez que tus metas están bien definidas, se necesita un plan de acción. Previamente, mencioné que las metas le ponen pies a tu visión. El Plan de Acción causa que esos pies se echen a correr. En la sección anterior, compartí acerca de nuestro sueño personal de tener una casa más grande y las metas para dicho proyecto. Además de definir tanto el sueño como las metas, se requiere de un plan de acción. ¿Qué cosas se requieren lograr a fin de ver que se cumpla la meta?

A veces es bueno determinar tu plan de acción haciendo preguntas. En nuestro caso, hicimos preguntas tales como:

1. ¿Necesitamos que alguien nos ayude a encontrar una casa? ¿Quién?

2. ¿Dónde queremos vivir?

3. ¿Qué margen de tiempo estamos necesitando?

4. ¿Qué clase de financiamiento necesitamos y cómo lo conseguimos?

Luego le pusimos fechas a algunos pasos prácticos:

1. Del 3-4 de marzo buscaremos la dirección del Señor en cuanto a qué área de Phoenix será donde hemos de comprar casa.

2. El 5 de marzo haremos cita con la agente de bienes raíces (nuestra amiga Sally) para que nos ayude a encontrar una casa nueva.

3. El 6 de marzo, haremos cita con la hipotecaria, para ver en cuál clase de financiamiento calificamos.

4. El 7-9 de marzo, veremos las diferentes opciones con nuestra agente de bienes raíces.

5. Para el 10 de marzo, habremos hecho nuestra selección y firmaremos para que la casa se edifique dentro de 7-9 meses.

Al orar y buscar al Señor pidiendo Su sabiduría, Él dirigió nuestros corazones a buscar casa en Maricopa, Arizona. Esta región queda a menos de media hora del valle de Phoenix. Él nos dio muchas razones por las cuales reubicarnos en Maricopa, pero una de Sus palabras claras tenía que ver con el lugar donde Él quería que estableciéramos la sede de nuestro ministerio. Maricopa significa "personas atraídas al agua". Había significado profético para nosotros. Además, Maricopa era una comunidad nueva que crecía rápidamente. Solo 18 meses antes, había unas 2,000 personas residiendo en Maricopa. A la fecha que firmamos para nuestra casa, ya había casi 20,000; estaban construyendo alrededor de 1,500 casas por mes. Reconocimos que era un lugar significativo donde establecer nuestro centro ministerial, justo en medio de una comunidad creciente.

Ahora que conocíamos el área, contactamos a Sally, nuestra agente de bienes raíces. Hicimos cita y nos llevó a ver algunas opciones. Nos enamoramos de una de las casas modelo que cumplía con todas las metas que teníamos para la mudanza. Después de enterarnos de los requerimientos financieros y de establecer un plan de acción para juntar el pago inicial, procedimos a comprar dicha casa.

Nuestro deseo era mudarnos para octubre, pero no recibimos las llaves de la casa hasta el fin de diciembre.

A veces tu plan no se cumple totalmente como quisieras, pero es mejor tener una meta en cuanto a fechas que no tener meta. Aun si tu meta se tarda para cumplirse, cuando menos se cumple. Si no tienes una meta y un plan de acción apropiado, nada ocurrirá y años después, recordarás la idea buena que habías pensado, diciendo, "Debimos haber actuado sobre esa visión cuando la teníamos. Pensamos en ella pero no la ejecutamos".

¿Y sabes qué? En ese momento probablemente estarás sentado en la misma posición que tuviste años previamente. No habrás progresado.

Requiere de un sueño claro, con algunas metas definidas, y un plan de acción definido en oración, a fin de cumplir un sueño. Una vez que tengas tu plan de acción, ¡ACTÚA! No lo pienses por cinco años, sino ACTÚA. Por lo general, es mejor hacerlo antes que después. Tus buenos pensamientos e intenciones no harán cumplir tus sueños. Requiere de acción.

Toma tiempo para orar y pensar acerca del plan de acción para lograr las metas que anotaste en la última sección. Escríbelas. Pon una marca al lado de cada vez que la hayas logrado.

Mi Plan de Acción

1._____

_____

_____

_____

_____ Completado:_____

2._____

_____

_____

_____

_____ Completado: _____

3._____

_____

_____

_____

_____ Completado: _____

4._____

_____

_____

_____

_____ Completado: _____

5._____

_____

_____

_____

_____ Completado: _____

6._____

_____

_____

_____

_____ Completado: _____

7._____

_____

_____

_____

_____ Completado: _____

8._____

_____

_____

_____

_____ Completado: _____

No trates de hacer más de lo que puedas a la vez

Me he dado cuenta que a algunos les gusta lanzarse a un sueño grande antes de haber aprendido a lograr sueños más pequeños. En la mayoría de los casos esto no funciona. Necesitas levantar el factor del éxito en tu vida, logrando una visión a la vez y un nivel a la vez. Siempre me puedo dar cuenta cuando estoy siendo desafiada a entrar a un nuevo nivel.

Tu fidelidad en la mayordomía y el éxito en cuanto las pequeñas visiones te llevarán al siguiente nivel y luego tu fidelidad y éxito a ese nivel te llevarán al que sigue y así sucesivamente. Enfrentarás en cada nivel desafíos que superar. La persistencia es necesaria. En cada nivel nuevo por lo general encontrarás pruebas de fe así como pruebas de amor que necesitarás aprobar a fin de lograr éxito en dicho nivel. El cumplimiento de sueños mayores se realizará a través de tu fidelidad, productividad y fruto en los más pequeños.

Es por esto que es bueno tener metas a corto y largo plazo. Es sano soñar en grande y es importante hacerlo. Pero asegúrate de tener metas a corto plazo que lograr en el camino. Al superar cada desafío con fe, persistencia y amor, tendrás más logros y serás fructífero a   mayor medida. Estas medidas incrementadas de éxito obrarán a tu favor al entrar a tu siguiente nivel. Eso es lo que yo llamo el factor del éxito.

Por ejemplo, posiblemente tu gran sueño sea ser un cirujano de cerebros. Es una visión fantástica. Sin embargo, es importante vivir dentro de sueños menores en camino hacia este sueño mayor. No puedes simplemente llegar a la sala de quirófanos y comenzar a hacer operaciones en cerebros. Si llegar a ser cirujano de esta índole es tu sueño, entonces tienes que sacar las calificaciones necesarias en la preparatoria que te abrirán paso para que entres a la universidad y luego a la escuela de medicina. Este será el primer sueño que cumplir.

Define la visión y escribe tus metas y tu plan de acción. Y luego, haz lo necesario para cumplirlo. En la preparatoria, estudia y prepárate a tal grado que tus calificaciones sean de las más altas. Enfócate en eso hasta que lo logres. Supera los obstáculos y períodos de pruebas en esa temporada.

Cuando logres ese sueño, tendrás la fe para avanzar al que sigue. El factor del éxito te acompañará. El siguiente sueño probablemente sea entrar a una buena universidad y facultad de medicina. Planea tus metas y plan de acción con cuidado y en mucha oración. Cada meta lograda fortalecerá el factor del éxito y te preparará para el que sigue.

Eventualmente te encontrarás en esa sala de quirófano del cual soñaste años antes, si avanzas paso a paso. ¿Cómo llegaste? Un sueño cumplido a la vez.

NO EXISTEN LOS REMEDIOS RÁPIDOS — TOMA EL TIEMPO NECESARIO

En ocasiones hay personas que quieren recuperar sus pérdidas rápidamente. Conozco a alguien que a una edad bastante joven obtuvo una medida maravillosa de éxito en algunas inversiones que hizo, casi de un día para otro. Sin embargo, dentro del siguiente año hizo una inversión que le trajo pérdidas grandes e inesperadas. De un día para otro, lo perdió todo. Había pedido dinero prestado tanto a instituciones bancarias así como a amistades para hacer dicha inversión. También sacó el mayor préstamo posible, arriesgando su casa, para hacer esta nueva inversión que consideraba la "mayor oportunidad de toda una vida". Pero fracasó, y a causa de este evento devastador, adquirió un patrón no saludable para recuperar las pérdidas que sufría. Él tenía toda la determinación de recuperar lo perdido para sus amigos devastados así como para él mismo y su familia. Como resultado, tomó préstamos con intereses más altos así como de personas conocidas que le tenían confianza. Tomó el dinero prestado y lo invirtió en acciones que, aunque rendían alto porcentaje, eran muy riesgosas. De hecho, estas acciones fracasaron, y una vez más, él perdió todo.

Si él se hubiera tomado el tiempo para volver a levantarse lentamente después de la primera pérdida, con el tiempo nuevamente hubiera tenido capital. Una vez que has establecido un patrón de éxito, aunque sea menor al principio, llega a ser tu porción en la vida. Una vez que lo establezcas cuidadosamente a través del tiempo, podrás volver a levantarte a tu nivel anterior aun si enfrentas tragedia en el transcurso. Lamentablemente, el mismo principio parece funcionar en el caso de fracasos. Si tienes un patrón de fracasos en tu vida, entonces vivirás en ese patrón hasta que sea roto. Es mejor romperlo con una pequeña victoria a la vez. Levanta el factor de éxito en tu vida al lograr cuando menos un éxito cada día. Celebra el éxito. Establece metas nuevas al siguiente día y lógralas. A través de este patrón intencional de caminar exitosamente en metas cumplidas, levantarás el factor de éxito en tu vida.

Rara vez encontrarás éxito perdurable a través de éxitos que ocurrieron de un momento para otro. El factor del éxito, que es un patrón progresivo y a largo plazo de productividad, solo se logra al superar las pruebas en cada nivel. Cuando falta parte del proceso, no hay nada que ayude a sostener el éxito a largo plazo. Las estadísticas comprueban que las personas que ganan grandes sumas de dinero en la lotería, en la mayoría de los casos regresan a sus antiguos patrones de comportamiento muy pronto. Esto es debido al hecho que el factor del éxito no fue parte de su experiencia antes de que llegaran a ese nivel de ganancia financiera. Regresan al lugar donde estuvieron antes de que pasaran sus pruebas.

Si has tenido una vida de fracaso y estás atorado sin poder avanzar, entonces elige salir de esa situación. Deja atrás el fracaso y empieza de nuevo. Si sigues haciendo las cosas como siempre las has hecho, seguirás recibiendo los resultados que siempre has obtenido. Comienza con fundamentos básicos. Comienza con metas sencillas diarias que son fáciles de lograr. Dios puede hacer nuevas todas las cosas. Entierra la humillación, el fracaso y la vergüenza de los fracasos pasados en Su amor y gracia. Edifica un altar de memoria y deja allí tus fracasos pasados como una ofrenda de sacrificio. De la muerte puede brotar vida. Dios puede hacer nuevas todas las cosas si estás dispuesto a comenzar totalmente de nuevo.

Aprende del pasado. Cuidadosa e intencionalmente identifica las cosas que causaron los fracasos y luego no retrocedas al antiguo patrón de nuevo. A veces, tus amigos y familiares pueden ver las cosas más claramente. Pídeles que te den su perspectiva y busca consejo de personas maduras. Busca personas a quienes puedas rendir cuentas para que ya no sigas haciendo las cosas de la misma manera.

A veces ayuda identificar y examinar tus fracasos pasados para que puedas aprender de ellos y luego dejar atrás la pena y el remordimiento a causa de estas cosas, enterrándolos en el terreno de la gracia. Haz una lista de tus fracasos pasados y pídele al Señor que te ayude a aprender de tus errores. Pídele sabiduría; Él te la dará. Registra las cosas que Él te revela y procésalas hasta que logres entendimiento. Aprende de los errores del pasado – no malgastes tus penas – y luego dale esos fracasos. Edifica un altar de memoria y rinde los fracasos como una ofrenda.

FRACASOS IDENTIFICADOS

1._____

_____

_____

_____

2._____

_____

_____

_____

3._____

_____

_____

_____

4._____

_____

_____

_____

5._____

_____

_____

_____

LO QUE HE APRENDIDO

1._____

_____

_____

_____

2._____

_____

_____

_____

3._____

_____

_____

NOTAS ADICIONALES

PÍDELE AL SEÑOR QUE
TE AYUDE A APRENDER
DE TUS ERRORES.
PÍDELE SABIDURÍA
Y ÉL TE LA DARÁ.

Capítulo Cinco

Fe

En Hebreos 11:1, la fe se describe como "la certeza de lo que se espera, la convicción de lo que no se ve" (RVR 60). En Marcos 9:23, Jesús dijo, "Al que cree todo le es posible".

La fe es una fuerza poderosa que causa que tus sueños se hagan realidad. La verdadera fe no se basa en la habilidad del hombre, sino en la de Dios. Sin Dios, no tenemos nada. Toda buena dádiva y todo don perfecto vienen de Él (vea Santiago 1:17). Sin la gracia gloriosa de Dios en nuestra vida, no tenemos nada. Cada cosa buena que disfrutamos en esta vida viene de Él, incluyendo nuestra fe.

Muchas personas operan en la fe que Dios le da a cada individuo, pero no lo honran ni le agradecen. Es muy importante reconocer de dónde viene nuestra fe.

Hay varias clases de fe pero Dios es quien las da. Está la fe natural que toda persona tiene, y es la razón por la cual toda persona tiene la habilidad de creer. También hay una fe santa que es dada a los que creen en Cristo, que es la misma fe en la cual Jesús operaba cuando caminaba sobre la tierra. Esta es la fe que nos permite caminar en lo sobrenatural y en la dimensión milagrosa. Esta es la clase de fe que nos otorga la garantía de la Buena Vida si la ejercemos. Todo cristiano recibe esta fe especial cuando le pide a Jesús que entre a su vida como su Salvador personal y Señor.

El simple hecho de que tienes esta fe no significa que va a funcionar automáticamente a tu favor. Para que esta fe produzca resultados, necesitas usarla. Esta fe viene como resultado de una relación personal con Dios. Primero nos llega cuando le invitamos a entrar a nuestros corazones y después de esa experiencia crece a través de nuestros tiempos devocionales con Él. La Biblia dice, "La fe proviene del oír, y el oír proviene de la palabra de Dios" (Romanos 10:17). Tu fe crecerá conforme pasas tiempo en adoración, lectura de la Palabra y oración.

Cuando Jesús murió en la cruz, Él dio cada bendición en el cielo y en la tierra a quienes creían en Él. Efesios 1:3 dice, "Bendito sea el Dios y Padre de nuestro Señor Jesucristo, que en Cristo nos ha bendecido con toda bendición espiritual en los lugares celestiales". En 2 Pedro

1:3 dice que Su divino poder nos ha otorgado "todas las cosas que pertenecen a la vida y a la piedad". ¡Todas las cosas significa todas las cosas! ¡Significa que podemos creer en grande! No hay nada que Él nos haya negado. Todo lo que necesitamos para vivir la Buena Vida ya nos ha sido concedido en Cristo.

La fe es el conector que toma la promesa invisible y la hace realidad en nuestra experiencia. Recuerda, "Al que cree todo les es posible". Algunas personas no experimentan la Buena Vida porque creen que la vida siempre les es difícil y que nada les resulta bien. Porque creen esto, lo reciben. Recibirás aquello en lo que crees, sea bueno o malo – la fe es una fuerza poderosa.

La fe depende de tus pensamientos. Es importante asegurarte de que tus pensamientos se alinean con las promesas de la Buena Vida. Cuando estás pensando acerca de tus sueños, metas y deseos, pregúntate si estas cosas son sanas para ti y para otros. Examina tus sueños y percátate de si se alinean con los deseos de Dios. Por ejemplo, digamos que uno de tus sueños es ayudar a niños que no tienen papá. Como resultado de este sueño, te pones la meta de convertirte en un "hermano mayor" para un niño que no tiene papá. Tu plan de acción incluye meter tu solicitud para llegar a ser miembro de una organización que se dedica a asignar niños sin papás a personas como tú que pueden ser como hermanos mayores adoptivos – mentores y amigos. ¿Están tu sueño, meta y plan de acción alineados con los deseos de Dios? Si es así, puedes activar tu fe hacia el cumplimento de esta meta y confiar cn que Él te dará favor y te ayudará a efectuar exitosamente este anhelo. Sea lo que necesites lograr, ese deseo te será otorgado cuando tus pensamientos se alinean con los de Dios.

La Biblia dice que Dios no niega ningún bien a los que caminan en rectitud. Él te quiere dar cosas buenas. Quiere que vivas la Buena vida. Cree que Él te dará los anhelos de tu corazón. Él te ha llamado para vivir en la dimensión de las bendiciones todos los días de tu vida ... ¡solo cree!

LOS ENEMIGOS DE LA DUDA Y DE LA INCREDULIDAD

La duda y la incredulidad son fuerzas negativas que pueden destruir tu vida. Son enemigos que impedirán que experimentes la Buena Vida. Causaron que Israel no experimentara la Tierra Prometida en la Biblia. Dios les había dado promesas cuando estaban en Egipto, pero ellos constantemente dudaban de Él y de Sus promesas. Como resultado, quedaron atorados en el desierto por cuarenta años. Muchas personas hoy en día están atoradas en el desierto de la escasez y los sueños sin cumplir porque dudan de Dios y no creen en Su habilidad de darles una Buena Vida.

Israel estaba lleno de fe cuando el Mar Rojo partió, permitiéndoles que pasaran al otro lado, ya sin peligro.

Estaban llenos de fe mientras veían a sus enemigos ahogarse en las olas del gran mar. Pero la fe duró poco tiempo. Tan pronto les llegó otra prueba, perdieron su enfoque y su fe desapareció.

Descubrirás si en verdad tienes fe o no durante pruebas y períodos de tribulación. ¿Eres creyente o incrédulo? Algunas personas temen creer porque sufrieron desilusión en el pasado. No siempre comprenderemos por qué las cosas resultan de cierta manera, pero necesitamos seguir con la fe de que pase lo que pase, los caminos de Dios son más altos que los nuestros. La fe le agrada a Dios y la fe logra las cosas. Siempre es mejor creer aun si las cosas no resultan tal como tú habías visualizado al principio. Recibirás comprensión y percepción en algún momento acerca de la situación y luego todo tendrá sentido. Mientras tanto, sigue creyendo. Es más sano. Una vida de incredulidad y de duda es una vida que está en peligro de caer en amargura, tristeza y opresión, mientras que a una persona llena de fe le brotará esperanza y optimismo. ¿Con cuál te quieres identificar?

Determina hoy ser una persona que cree – no una que duda. Haz una lista de algunas mentalidades de incredulidad que has permitido entrar a tu vida. Luego pídele al Señor que te perdone. Luego mira la lista y sustituye cada pensamiento de incredulidad con la verdad. Sé uno que cree – no uno que duda – ¡por el resto de tu vida!

MENTALIDADES DE INCREDULIDAD

1._____

_____

_____

_____

2._____

_____

_____

_____

3._____

_____

_____

_____

4._____

_____

_____

_____

5._____

_____

_____

_____

Vᴇʀᴅᴀᴅᴇꜱ

1._____

_____

_____

_____

2._____

_____

_____

_____

3._____

_____

_____

_____

4._____

_____

_____

_____

5._____

_____

_____

_____

NOTAS ADICIONALES

LA FE ES EL CONECTOR
QUE TOMA LA PROMESA
INVISIBLE Y LA
HACE REALIDAD.

Capítulo Seis

ACTITUDES CORRECTAS

Una actitud correcta lo es todo si estás buscando disfrutar de la Buena Vida. ¿Alguna vez has conocido a alguien que siempre es pesimista y negativo? Es muy difícil estar con ellos y se puede sentir la opresión en su derredor. Ellos también sufren porque viven a diario bajo una nube de negativismo del cual no se pueden escapar. ¡Qué horrible! ¿Qué podría ser peor? Imagina despertarte cada mañana con lamentos y quejas. El vaso siempre está medio vacío y nunca se ve como medio lleno. Una expectativa y actitud negativa mata tu gozo en la vida y te deja desolado.

La ciencia médica ha descubierto que las actitudes negativas aceleran el proceso de envejecimiento, impiden la salud y la sanidad, y afectan el bienestar emocional y relacional. ¡Esta no es la Buena Vida! Por otro lado, se ha descubierto que las actitudes positivas promueven buena salud, sanidad, relaciones personales enriquecedoras, y además disminuyen el proceso de envejecimiento. Posiblemente eso es lo que significa Proverbios 17:22: "El corazón alegre constituye buen remedio; Mas el espíritu triste seca los huesos" (RVR60).

La mayoría de las veces, puedes cambiar tu vida de mala a buena, de mediocre a superior, simplemente al cambiar tu actitud. Si tienes un cambio de actitud, las piedras de tropiezo en la vida pueden convertirse en peldaños. Esto es porque verás estas cosas con una perspectiva diferente. Una perspectiva negativa promueve desesperanza y pena mientras que una perspectiva positiva produce esperanza y gozo.

Cuando nuestros hijos eran pequeños, mi esposo perdió su empleo apenas un mes antes de la Navidad debido a la escasez de trabajo. Llegó a casa y me compartió la noticia, y yo inmediatamente exclamé, "¡Gloria a Dios! Me pregunto, ¿qué clase de testimonio va a surgir de esta situación? Dios hará algo grande y tendremos un testimonio nuevo para compartir cuán fiel Él es". Mi esposo me miró y sonrió. "Sí, así es. Gloria a Dios". Pudimos haber visto la situación con una perspectiva diferente, mirándola como una piedra de tropiezo, pero en su lugar lo vimos como un peldaño de oportunidad para erigir un testimonio fresco en nuestras vidas.

Durante la cena esa noche, pasamos tiempo agradeciendo a Dios por todas las bendiciones que Él nos había dado a través de los años desde que lo habíamos llegado a conocer. Nos regocijamos en Él durante toda nuestra cena. Jamás te hubieras imaginado que recién habíamos recibido malas noticias – porque no las habíamos recibido. Vimos las noticias como una oportunidad positiva en vez de como una calamidad negativa. Estábamos lo más felices posible. De alguna manera, todas nuestras necesidades se vieron suplidas ese mes. Tuvimos una Navidad maravillosa al enfocarnos en el verdadero significado de la temporada, y aproximadamente dentro de un mes, mi esposo encontró otro empleo. La situación estaba fuera de nuestro control. En tiempos como estos, más vale que estés feliz. No mejora de manera alguna la situación si eres negativo, pero la alabanza definitivamente cambia la atmósfera.

Elegir tener una buena actitud puede no solo cambiar algunas situaciones en tu vida, puede también cambiar tu actitud hacia otras personas. Recuerdo cómo yo luchaba con cierta persona cuando yo era más joven. Yo le caía bien a dicha persona y quería juntarse conmigo, pero mi actitud era muy negativa hacia ella. Yo me avergonzaba cuando aparecía, queriendo juntarse conmigo y mis amistades durante eventos sociales. Una noche, cuando yo estaba tratando de hacerme la desaparecida, Dios me habló y me hizo ver lo que yo estaba haciendo. Claramente habló a mi corazón y me dijo, "Si sigues rechazando a esta persona, solamente crecerá tu rechazo. Pero si escoges aceptar y amarla, llegará a ser más aceptable para ti".

Esa noche mi conciencia fue tocada de tal manera que como resultado determiné cambiar mi vida inmediatamente. Me acerqué a dicha persona y la invité a sentarse conmigo durante la reunión y después acompañarnos a tomar un café. Ella se conmovió por mi invitación tan amable, pero lo más conmovedor fue que yo inmediatamente sentí un cambio en mi actitud. Esta persona llegó a ser una de mis personas favoritas. Ella no había cambiado pero mi actitud sí. Nunca me olvidaré del día cuando me informó que tenía que mudarse y vivir fuera de nuestra área a fin de aprovechar una oportunidad de empleo. Hasta tristeza me dio que ya no la vería tanto como antes. ¡Mi actitud cambiada cambió todo!

Filipenses 4:4-8 es una de mis porciones favoritas en el Nuevo Testamento. Dice:

> Regocíjense en el Señor siempre. Y otra vez les digo, ¡regocíjense! Que la gentileza de ustedes sea conocida de todos los hombres. El Señor

está cerca. No se preocupen por nada. Que sus peticiones sean conocidas delante de Dios en toda oración y ruego, con acción de gracias, y que la paz de Dios, que sobrepasa todo entendimiento, guarde sus corazones y sus pensamientos en Cristo Jesús. Por lo demás, hermanos, piensen en todo lo que es verdadero, en todo lo honesto, en todo lo justo, en todo lo puro, en todo lo amable, en todo lo que es digno de alabanza; si hay en ello alguna virtud, si hay algo que admirar, piensen en ello.

En verdad, este pasaje lo dice todo. Si mantienes una actitud positiva, regocijándote en el Señor y meditando en las cosas positivas, encontrarán paz y lo bueno prevalecerá en tu vida.

Haz una lista de las actitudes y situaciones negativas en tu vida y luego haz una decisión de calidad de cambiarlas a positivas. Cambia tu perspectiva. Luego haz una lista de actitudes y elecciones positivas.

> PIENSEN EN TODO LO QUE ES VERDADERO, EN TODO LO HONESTO, EN TODO LO JUSTO, EN TODO LO PURO, EN TODO LO AMABLE, EN TODO LO QUE ES DIGNO DE ALABANZA...

Situaciones y actitudes negativas

1._____

_____

_____

_____

2._____

_____

_____

_____

3._____

_____

_____

_____

4._____

_____

_____

_____

5._____

_____

_____

_____

ACTITUDES Y PERSPECTIVAS POSITIVAS

1._____

_____

_____

_____

2._____

_____

_____

_____

3._____

_____

_____

_____

4._____

_____

_____

_____

5._____

_____

_____

_____

Mantener actitudes positivas es una decisión diaria. Si estás acostumbrado a ser negativo, toma algo de tiempo para re-programar tus reacciones. Toma una decisión de calidad cada día, teniendo actitudes positivas y pensamientos positivos. Escribir en un diario continuamente te ayudará. Comienza tu día contemplando las situaciones que estás viviendo y escribe algunos pensamientos positivos al respecto. Escribe las oportunidades positivas que estas situaciones te están permitiendo abrazar.

Posiblemente también quieras hacer una lista de personas hacia quienes necesitas cambiar tu actitud. Identifica algunas áreas de tu vida que te están intranquilizando y luego cúbrelas con gracia, perdón y amor. Toma una decisión de calidad para cambiar tu actitud hacia determinada persona. Busca todas las cosas buenas acerca de ellas y piensa en éstas cuando dicha persona viene a la mente.

Al final de cada día, escribe un párrafo de agradecimiento por todo lo que ha transcurrido en tu día. También escribe un párrafo de agradecimiento por las personas desafiantes en tu vida. Un corazón agradecido te mantendrá con una mente positiva.

No siempre puedes estar agradecido por la situación en sí, pero sí puedes estar agradecido en medio de dicha situación. Por ejemplo, si acabas de recibir la noticia de que debes $10,000 dólares de impuestos al gobierno, posiblemente no te sientes muy agradecido ni positivo por dicha noticia. Pero puedes estar agradecido en medio de ella. Puedes buscar todas las buenas oportunidades para ti en medio de esta situación. Por ejemplo, puedes pensar, "Cuán gran oportunidad se me está dando para regocijarme en medio de esta noticia difícil" y "Apenas puedo imaginarme cómo se va a pagar esta deuda. Me dará la oportunidad de ser creativo e innovador a fin de suplir la necesidad". ¿Y qué de ésta: "Qué buena oportunidad tengo de bendecir a mi nación con este dinero extra"?

Puede que la situación no cambie, pero tu actitud sí puede cambiar. En vez de sentirte triste o negativo, puedes encontrar un lugar de gozo, expectación y paz. Si estás enfrentando una prueba, lo mejor es que seas feliz en medio de ella. No permitas que nada te robe tu gozo. ¡Tu actitud lo es todo!

> UN CORAZÓN SIEMPRE AGRADECIDO TE MANTENDRÁ CON UNA MENTE POSITIVA.

NOTAS ADICIONALES

NO PERMITAS QUE NADA
TE ROBE TU GOZO; UNA
BUENA ACTITUD ES DE
SUMA IMPORTANCIA.

Capítulo Siete

SEMBRAR Y COSECHAR

Las personas sabias viven dentro de los límites de las leyes que Dios creó y estableció. Hay leyes naturales como la de gravedad y hay leyes espirituales y morales que vemos delineadas en la Biblia. Si respetas las leyes, te beneficiarás, y si violas las leyes, sufrirás. ¡Es tan sencillo! Podemos usar el ejemplo de la ley de la gravedad para fácilmente ver la bendición de la ley así como la consecuencia negativa que sufrirás si la violas. La bendición de la ley es obvia: nuestros pies están plantados en la tierra. Yo estoy tan agradecida de que no vivo mi vida flotando en el espacio en algún lugar. Pero la consecuencia negativa debido a la violación de esta ley podría verse así: Yo decido desplazarme del precipicio de un peñasco en el Gran Cañón a fin de poder llegar al peñasco en frente (después de todo, la distancia entre ambos es mucho más corta de esa manera, que tratar de llegar vía carretera). No necesito decirte cuál sería la consecuencia ... ¡permite que tu imaginación te dibuje los detalles!

Hay una ley encontrada en la Biblia que es muy importante. Es mi creencia personal que si aprendes a vivir solo por esta ley, tendrás garantizada una Buena Vida. Es la ley de sembrar y cosechar.

En el principio, cuando Dios creó al hombre, Él nos bendijo y dijo, "Fructifiquen y multipliquen" (Génesis 1:28); ésta es nuestra porción. A fin de llevar fruto, tienes que sembrar semilla. En Génesis 8:22, el Señor le hizo una promesa a Noé que sigue siendo cierto hasta el día de hoy:

> "Mientras la tierra permanezca, no faltarán la sementera y la siega, ni el frío y el calor, ni el verano y el invierno, ni el día y la noche".

La tierra permanece, aun ahora que estás leyendo este capítulo. Si la tierra permanece, hay tiempo de siembra y su siega correspondiente. Es una ley. Cuando plantas la semilla, crecerá y producirá cosecha. Tu cosecha no consiste en suma, sino en multiplicación. Cuando siembras un frijol en la tierra, no te reproduce uno o dos frijoles sino muchos. La semilla sembrada es multiplicada y cada frijol en la planta también tiene más semillas. Un granjero sabio disfruta de comer y mercadear su cosecha así como juntar la semilla multiplicada a fin de sembrarla para que aumente más. No le es sabio comer toda la semilla. Él tiene que seguir sembrando para seguir cosechando.

2 Corintios 9: 6-10 dice:

Pero recuerden esto: El que poco siembra, poco cosecha; y el que mucho siembra, mucho cosecha. Cada uno debe dar según se lo haya propuesto en su corazón, y no debe dar con tristeza, ni por necesidad, porque Dios ama a quien da con alegría. Y Dios es poderoso como para que abunde en ustedes toda gracia, para que siempre y en toda circunstancia tengan todo lo necesario, y abunde en ustedes toda buena obra; como está escrito: "Repartió, dio a los pobres, y su justicia permanece para siempre." Y aquel que da semilla al que siembra, y pan al que come, proveerá los recursos de ustedes y los multiplicará, aumentándoles así sus frutos de justicia.

Este pasaje nos enseña tanto acerca de la ley de sembrar y cosechar. Así como la ley de la gravedad es cierta para todas las personas a través de todos los tiempos, también así la ley de sembrar y cosechar. No puede fallar y no fallará. Veamos algunos puntos clave encontrados en este pasaje:

1. Cosecharás en proporción a lo que siembras. Si solo siembras un poco, solo cosecharás poco. Si

siembras mucho, cosecharás mucho. ¿Qué pasará si no siembras nada?

2. Tu siembra debe nacer del deseo y la convicción de tu corazón de que vas a cosechar los resultados. Tu alegría, convicción y expectación en la siembra echará esta ley a andar.

3. La gracia de Dios (Su influencia divina sobre tu vida y su favor para contigo) te dará todo lo que necesitas para sembrar. Te dará tu semilla. Si no tienes semilla para sembrar, entonces pídesela.

4. Dios hará que la semilla que siembras se multiplique. Esta multiplicación se encuentra en el fruto de la semilla sembrada así como en la semilla que se sembrará. Esto significa que tendrás más que suficiente para suplir todo lo que necesites así como suficiente para producir una cosecha todavía más abundante la próxima vez que siembras.

TIPOS DE SEMILLA

2 Corintios 9:6-10 no solo se refiere a la semilla que siembras en una hortaliza ni está limitado al contexto de ofrendas de dinero, aunque a eso se refiere en este pasaje. La ley incluye cualquier clase de "semilla" que sembremos. Si quiero frijoles, entonces más vale que siembre frijoles. Si siembro granos de elote, no voy a cosechar frijoles.

Si quiero tener amigos, no necesito sembrar papas en mi hortaliza. Necesito sembrar amistad en la vida de las personas. Una pareja que asistía a cierta iglesia se acercó conmigo un domingo, muy consternados. Me contaron, "Hemos estado asistiendo a esta iglesia por más de seis meses y nadie nunca nos ha invitado a comer o a salir con ellos". Les expresé mi tristeza ante la situación pero a la vez les pregunté: "¿Y a cuántas personas han invitado ustedes a comer?" Les sorprendió un tanto mi respuesta, pero me contestaron sinceramente. Me explicaron que ellos no sentían que les tocaba a ellos invitar a otros porque las personas que ya asistían a la iglesia desde antes eran los que debían tomar la iniciativa. Les compartí la ley de sembrar y cosechar. No era correcto, les dije, que nadie les haya tomado en cuenta como personas nuevas en la iglesia, pero ellos podían voltear totalmente la situación al operar en esta ley clave. Les sugerí que comenzaran a sembrar en su deseo de tener amistades en su nueva iglesia.

El siguiente domingo invitaron a dos familias a su casa para comer. Comenzaron a formar el hábito de invitar a personas a su casa cada domingo. Algunos meses después, cuando me tocó verlos de nuevo, se acercaron conmigo y me compartieron las buenas noticias. "¡Nos la estamos pasando tan bien – como nunca!" me contaron emocionadamente. "Hemos estado conociendo a tantas personas y hemos iniciado un ministerio de hospitalidad en nuestra iglesia". Eventualmente, los invitaron a ser los directores del Ministerio de Personas Nuevas, y luego se les invitó a dirigir una célula – posteriormente llegaron a ser líderes de la iglesia. Llegaron a ser una de las parejas más populares de la congregación.

Obtuvieron esta gran victoria a través de la ley de sembrar y cosechar. Plantaron las semillas de hospitalidad y amistad y recibieron una gran cosecha. Por los primeros seis meses, nadie les había invitado a comer ni a ninguna otra actividad, pero luego ellos pudieron realizarse al bendecir a otros. Tanto, que ya no les importaba que otros no tomaran la iniciativa para invitarlos a ellos. Con el tiempo, sin embargo, la cosecha de dichas semillas fue masiva y constante, al grado que les ha durado toda la vida. La ley de sembrar y cosechar lanzará a toda persona a la Buena Vida.

Hay muchas clases de semilla; aquí les ofrezco otro ejemplo. Como nuevo creyente, yo amaba la Palabra de Dios. Cada día, cuando yo leía las Escrituras, uno o más pasajes cobraban vida y me emocionaba en gran manera. De hecho me emocionaba tanto con la revelación fresca, que la compartía con toda persona dispuesta a escucharme. Llamaba por teléfono a amistades que también estaban hambrientos por conocer más de los caminos de Dios, y si alguien venía a visitarme, a ellos también les compartía la revelación que había recibido. Dios me había dado la semilla, que en este caso era revelación de la Palabra, y yo la estaba sembrando al compartir la revelación con otros. Entre más revelación compartía, más revelación recibía. Eventualmente, fui invitada a enseñar estudios bíblicos, y luego a predicar en iglesias, conferencias y seminarios. Con el tiempo, comencé a sembrar a través de audio-cintas, CDs, archivos electrónicos, manuales y libros, y ahora lo hago a través de la televisión, la radio y el internet. En el principio, sembré unas cuantas semillas pequeñas en una esfera de influencia limitada, pero ahora la semilla de revelación se ha multiplicado en gran manera y la esfera de influencia ha aumentado hasta alcanzar las naciones del mundo. Esta es la ley de sembrar y cosechar. Si deseas más revelación de la Palabra, entonces siembra la revelación que ya conoces en la vida de otros.

La clave para vivir en abundancia en cuanto al área de las finanzas, como ya dijimos, se encuentra también en la ley de sembrar y cosechar. Si quieres finanzas, siembra finanzas. Si quieres un auto, siembra un auto. Si deseas muebles nuevos o ropa nueva, entonces siembra muebles y ropa. Esta es la llave que da entrada a la Buena Vida. Hemos sido hechos a la imagen de Dios y Él es dadivoso. ¡Él da extravagantemente! Él dio lo mejor de Sí mismo. Dio a su Hijo Unigénito para que toda la tierra se viera bendecida con vida eterna. Lucas 6:38 nos enseña:

Den, y se les dará una medida buena, incluso apretada, remecida y desbordante. Porque con la misma medida con que ustedes midan, serán medidos.

Buena tierra

Cuando estás sembrando, necesitas estar consciente de la tierra en la cual estás sembrando. Cuando la semilla se siembra en buena tierra, crecerá bien. En Marcos 4:1-20, Jesús les enseña a sus discípulos la parábola del sembrador y la semilla. Enseña claramente en la parábola que es importante sembrar en buena tierra; de lo contrario la semilla se desperdiciará. A continuación están las cuatro clases de tierra que Jesús describió en su parábola:

1. Semilla que se sembró junto al camino y las aves vinieron y la comieron

2. Semilla que se sembró entre las piedras, pero que no pudieron echar raíces.

3. Semilla que se sembró entre los espinos, pero los espinos crecieron y la ahogaron.

4. Semilla que se sembró en buena tierra y rindió una cosecha del treinta, sesenta y hasta del ciento por uno.

Es obvio que en el caso de aquellos que deseamos vivir la Buena Vida, en la tierra que rinde del treinta, sesenta y hasta del ciento por uno es la clase de tierra donde queremos sembrar. No queremos malgastar nuestra semilla al echarla junto al camino, sembrarla entre las piedras o entre los espinos y la maleza.

Cuando yo siembro la Palabra de Dios en la tierra de un corazón hambriento, recibirá la mayor cosecha. Años atrás cuando yo era más joven, yo estaba llena de entusiasmo por Jesús. A toda persona que veía le decía cuán maravilloso era Él. Algunos simplemente me pasaban de largo y no me prestaban atención de manera alguna. Otros tenían el corazón endurecido y se ponían a discutir agresivamente conmigo. Otros estaban interesados pero estaban tan involucrados en las normas y distracciones del mundo, que la Palabra nunca echó raíz en sus vidas. Había otros, sin embargo, que estaban listos y hambrientos por lo todo lo que Dios tenía para ellos. Recibieron la semilla, la cual creció en ellos. Algunos llegaron a ser miembros fieles de iglesias locales y otros predicadores de tiempo completo del Evangelio. La semilla que cayó en esa buena tierra rindió del treinta, sesenta y hasta el cien por uno.

Esto no quiere decir que la otra semilla nunca llegará a crecer. A veces brota años después, pero esto sí determina cuanto tiempo voy a dedicar para sembrar en una vida. Aprendí de la manera difícil que tu tiempo y energía se desperdicia si siembras en aquellas personas que no están listas para recibir. Es mejor encontrar a los hambrientos e invertir semilla en la vida de ellos. Aquellos cuya tierra ya está lista para rendir una gran cosecha.

Yo soy conferencista itinerante. Los temas que enseño son muy bien recibidos por algunos pero despreciados por otros. ¿Entonces, dónde debo sembrar mi semilla? Es sabio sembrar en la tierra que está lista para recibir la semilla.

ESPERA UNA COSECHA

¿Tienes conocimiento de algún granjero que no espera cosecha cuando planta su semilla? Pensaríamos que esta persona tiene una manera muy rara de pensar si así fuera el caso. Imagina a un granjero que sale a su campo a sembrar, declarando, "Oh, cómo me encanta echar esta semilla a la tierra. Sí, me causa gran placer. Sin embargo, no me importa tanto la cosecha. Me es igual si cosecho o no – ¡siembro simplemente porque lo disfruto tanto!" Pensarías que este granjero necesita algo de consejería, ¿verdad? Pues bien, algunas veces las personas que siembran cosas en la vida lo hacen en fe, pero sin la expectativa de cosechar. Siembran amistad, finanzas, los dones que Dios les ha dado y actos de bondad, pero sin esperar nada a cambio.

Es bueno tener un corazón bondadoso. Es bueno dar sin deseos egoístas o manipulación, pero también es importante saber que cuando siembras, se ha de esperar cosecha. Uno de los dones que Dios me ha dado es la comunicación. Debido a esto, doy conferencias, escribo libros y otros materiales, comparto a través de la televisión, radio, el internet y aun a veces a través de la dramatización. Cuando siembro en la vida de las personas, espero ver fruto. Posiblemente yo no sepa cuál sea el fruto, como a veces no tengo el privilegio de conocer personalmente a las personas, pero yo CREO que habrá fruto en sus vidas como resultado de la semilla sembrada. Confío que sus vidas serán más ricas, plenas y con mayor bendición gracias al mensaje que he sembrado en sus vidas. Su bendición personal es un resultado de la semilla sembrada y es parte de la cosecha. La otra parte de la cosecha tiene que ver con mi habilidad de recibir y luego entregar más mensajes vivificantes a mayor cantidad de personas. Esto es algo que yo espero. Cuando soy fiel para sembrar el don en la vida de otros, debe aumentar en fruto y en la esfera de influencia.

En el área de finanzas, siempre me aseguro de que estoy sembrando en buena tierra. Busco tierra que está bien preparada y que es fértil. Mi anhelo es ver a las personas bendecidas con el evangelio, así que siembro en obras y ministerios que son fructíferos en esta área. Cuando siembro en buena tierra, cosecho más finanzas y comparto en el fruto y el galardón de sus ministerios.

Mi hijo menor y su esposa tienen su propia compañía de construcción. Cuando recién se casaron, sembraron ofrendas generosas en nuestro ministerio porque sabían que era buena tierra. Nuestro ministerio también es una "industria de edificación," aunque dentro de un contexto diferente. Edificamos el avance del amor y la gracia de Dios en la tierra. Ellos sembraron en fe, esperando recibir una cosecha a cambio. Sembraron finanzas, esperando que cosecharían finanzas. ¡Y así fue! Año tras año, experimentaban mayor bendición financiera así como más fruto. Cada año, su compañía aumentaba en finanzas y en favor. Sembraron con la expectativa de recibir cosecha. Sembraron abundantemente y cosecharon abundantemente. Sembraron en buena tierra – tierra que estaba produciendo fruto. Sembraron en un ministerio que estaba involucrado en la "edificación" y recibieron gracia para edificar.

Hay personas que han sembrado constantemente a nuestro ministerio porque es un ministerio profético y ellos han testificado que ellos han crecido en cuanto a lo profético desde que comenzaron a sembrar de manera regular. Sembraron con expectación. Otros siembran en nuestro ministerio porque nuestra tierra produce mucho fruto en el área de evangelismo y medios. Cosechan con fe intencional porque siembran con una visión de cosechar.

LIBERACIÓN DEL ESPÍRITU DE RETENCIÓN

Uno de los enemigos más grandes de la ley de sembrar y cosechar es un espíritu de retención. Este espíritu por lo general encuentra una pista de aterrizaje en el temor. Algunas personas tienen temor de sembrar porque tienen temor de que si lo hacen, no les va a quedar nada. Este pensamiento es totalmente contrario a la ley de sembrar y cosechar. En la Biblia, encontrarás muchas historias donde, aun en tiempos de gran dificultad, si las personas sembraban, cosechaban. Isaac, por ejemplo, sembró durante una hambruna y dentro de un año obtuvo una cosecha del cien por uno y el Señor lo bendijo (Génesis 26:12).

Cierto día se sembró un almuerzo sencillo a la orilla del monte donde Jesús estaba enseñando. Cinco mil personas fueron alimentadas y una cosecha de doce canastas apareció después de que todos comieron lo que querían. Comenzaron esta experiencia con solo cinco panes y dos peces. ¡Qué bueno que cierta persona no retuvo su almuerzo ese día! Su sacrificio no solo alimentó a la multitud sino que ellos recibieron mucho más a cambio.

Si lo que tienes es demasiado poco para satisfacer tu necesidad, probablemente es semilla. No comas tu semilla, sino siémbrala. En 1 Reyes 17, Elías va a Sarepta durante una hambruna y le pide a una viuda agua y un poco de pan. En los versículos 12-16 encontramos su respuesta:

> Pero ella le respondió: "Te juro por el Señor, tu Dios, que no he cocido pan. Sólo me queda un poco de harina en la tinaja, y unas gotas de aceite en una vasija. Con los leños que me viste recoger,

voy a cocer el último pan para mi hijo y para mí. Después de comerlo, nos dejaremos morir."

Pero Elías le dijo: "No tengas miedo. Ve y haz lo que quieres hacer, pero antes cuece una pequeña torta bajo el rescoldo, y tráemela; después cocerás pan para ti y para tu hijo. El Señor, el Dios de Israel, me ha dicho: "No va a faltar harina en la tinaja, ni va a disminuir el aceite de la vasija, hasta el día en que el Señor haga llover sobre la tierra."

La viuda hizo lo que Elías le dijo, y los tres comieron durante muchos días. Y tal y como el Señor se lo prometió a Elías, no faltó harina en la tinaja ni bajó de nivel el aceite en la vasija.

Hubiera sido fácil para esta preciosa mujer retener para sí misma y su hijo esta última cantidad de harina y aceite que tenía, pero estuvo dispuesta a sembrarla. Cuando lo hizo, se lanzó a una nueva dimensión – una dimensión milagrosa. Lo que ella tenía no era suficiente para cumplir su necesidad, así que se convirtió en su semilla. Cuando sembró su única semilla, ella y su hijo recibieron sostén durante toda la hambruna.

Cuando mi esposo y yo experimentamos tiempos escasos, nunca dejamos de sembrar. Nos afirmamos en las promesas de la Palabra de Dios y creímos en la ley de sembrar y cosechar. A veces no cosechábamos inmediatamente, pero años después, recibíamos cosecha de todas las direcciones.

Sabiduría

A veces, las personas no experimentan la Buena Vida porque les falta sabiduría en el área de sembrar y cosechar. La sabiduría le es dada a toda persona a quien le hace falta y quien se la pide a Dios (vea Santiago 1:5). En la mano derecha de Sabiduría está larga vida y en la izquierda, honra y riquezas (ve Proverbios 3:16). Pide fe para obtener la sabiduría que necesitas y espera en el Señor para la llegada de sabiduría que te enseñará cómo sembrar, qué sembrar, dónde sembrar, cuándo y cómo cosechar.

Cosechas Fracasadas

La ley de sembrar y cosechar no solo funciona para la buena semilla sembrada sino también en el caso de malas semillas. Si siembras discordia, recibirás discordia. Si robas, experimentarás robos en tu propia vida. Si deshonras a otros, tú experimentarás deshonra. Si le niegas a otros en su tiempo de necesidad, a ti también se te negará bendición en tu tiempo de necesidad. Si siembras juicio y crítica, cosecharás lo mismo. ¡Es la ley! Esta ley trabaja para todas las personas en todo tiempo con buena o mala semilla.

Es importante tener tierra limpia donde sembrar buena semilla. ¿Entonces cómo nos deshacemos de la cosecha que ha crecido de las malas semillas que hemos plantado en el pasado? ¡Es fácil! Simplemente pedimos que la cosecha fracase. Admite tus errores y pídele a Dios que te perdone por plantar malas semillas en tu propia vida y en la vida de otros. Nómbralas una por una, si puedes, y pide perdón. Perdona a otros que bien pudieron haber sembrado mala semilla en tu vida. Luego pide a Dios que purifique el campo de tu vida. Él lo hará. Le encanta hacer esto por ti.

Cuando el campo ya está limpio, entonces planta muchas semillas buenas. Cada día, continúa pidiéndole a Dios que te perdone por cualquier mala semilla que pudieras plantar en tu vida o en la vida de cualquier otra persona. ¡Continuamente desyerba tu jardín!

A continuación encontrarás un ejercicio. Haz una lista de todas las malas semillas que has plantado en tu vida o en la vida de otros.

MALAS SEMILLAS PLANTADAS EN TU VIDA

1._____

_____

_____

_____

2._____

_____

_____

_____

3._____

_____

_____

_____

4._____

_____

_____

_____

5._____

_____

_____

_____

Malas semillas que has plantado
en la vida de otros

1._____

_____

_____

_____

2._____

_____

_____

_____

3._____

_____

_____

_____

4._____

_____

_____

_____

5._____

_____

_____

_____

Una oración para que fracase la cosecha

Amado Padre Celestial,

Profundamente lamento haber plantado semillas negativas en mi vida y en la vida de otros. Te pido que me perdones por cada una de ellas. Te pido que fracase la cosecha de cada semilla destructiva y negativa que he plantado. Haz que la tierra de mi vida sea fértil y lista para buena semilla. Pido que buenas semillas sean sembradas en la vida de aquellos donde he plantado mala semilla en el pasado.

Gracias, Padre, por contestar mi oración. Amén.

Comienza a sembrar   buena semilla para la buena vida

Ahora que tienes tierra limpia donde plantar, piensa en qué clase de cosecha específica quisieras segar. Una vez que lo has definido, siembra en esas áreas proporcionalmente. Recuerda, tu cosecha siempre es mayor que tu semilla. Siembra abundantemente. Aquí hay un par de ejemplos:

Ejemplo 1

Deseo: Escribir libros que alentarán a las personas en cuanto a su fe.

Semilla a sembrar:

Estudiar temas que bendecirán a las personas y tomar notas

- Ora por el don de escribir
- Escribe un correo de aliento para una persona cada día
- Escribe un librito que ofrezca aliento.
- Publica el librito por tu propia cuenta.
- Regala el 20 por ciento de la primera impresión a personas que necesiten aliento.

EJEMPLO 2

Deseo: Recibir favor

Semilla a sembrar: Sembrar oraciones cada día, pidiendo que el favor aumente en mi vida.

- Hacer decretos cada día acerca del favor sobre mi vida.

- Escribir a diario una nota que anime a alguien, expresándole favor.

- Una vez por semana, sembrar un regalo en la vida de una persona para expresar favor.

- Cada día, recordar estimar a otros más que a mí mismo.

- Cada día, recordar dar a otros preferencia antes que a mí mismo.

AHORA, HAZ TU LISTA PERSONAL

1. DESEO: _____

_____

SEMILLA: _____

_____

2. DESEO: _____

_____

Semilla: _____

_____

3. Deseo: _____

_____

Semilla: _____

_____

4. Deseo: _____

_____

Semilla: _____

_____

5. Deseo: _____

_____

Semilla: _____

Haz un registro de tu cosecha

De cuando en cuando, revisa la lista de semilla escrita y determina si ha producido una cosecha. Declara bendición sobre tu semilla y la tierra donde ha sido plantada. Por lo general, yo declaro algo así: "En el nombre de Jesús, bendigo la semilla que he plantado y bendigo la tierra donde está. Oro que reciba una cosecha del ciento por uno". Es así como puedes "regar" tu semilla.

Fecha   **Descripción de la cosecha**

Capítulo Ocho

El Gran
MISTERIO DE
LA BUENA VIDA

Estas lecciones han enseñado algunos principios gloriosos acerca de cómo vivir una vida rica. Estos principios verdaderamente funcionan, y si los implementas, tu vida mejorará – no hay duda alguna.

Sin embargo, hay un misterio que es el componente clave a la Buena Vida. Esta clave no es un principio ni una ley, sino una Persona. Jesucristo no solo es la clave, sino que Él en verdad es la Buena Vida. Él declaró en Juan 14:6, "Yo soy el camino, la verdad y la vida, nadie viene al Padre sino por mí".

En 1976, yo tomé una decisión que cambió mi vida para siempre. Alguien compartió conmigo el Gran

95

Misterio de la Buena Vida. Me compartieron que Jesús deseaba perdonar cada pecado y error que yo había cometido y limpiarme de la culpa y la vergüenza de mi pasado. Compartieron que Él me podía dar un nuevo comienzo, una vida totalmente nueva. Esas fueron buenas noticias para mí. Hasta entonces, mi vida había sido vacía; yo añoraba intensamente una vida de plenitud pero nunca la experimentaba. Estaba confundida y llena de vergüenza por una vida llena de errores. ¡Una nueva vida sonaba maravillosa! ¡Una Buena Vida sonaba aun más que maravillosa!

Esa noche, humildemente me arrodillé en mi sala. Nadie más estaba presente. No sabía cómo orar ni qué decir, así que simplemente le clamé al Señor desde lo más profundo de mi corazón, "Señor Jesús, no tengo nada que darte más que los pedazos de mi vida quebrantada. No te puedo impresionar positivamente con nada, pero me encantaría que entraras a mi corazón y me perdonaras de mis pecados".

Él entró a mi vida esa noche. Sí, entró a mi desorden, oscuridad y confusión. Mi vida desordenada no lo perturbó; Él entró con su amor maravilloso e incondicional. Esa noche Él me dio una vida totalmente nueva, y nunca he mirado hacia atrás. Esa noche fue el comienzo del resto de mi vida. Recibí a Aquél quien es la Buena Vida, y mi vida mejoraba cada día más.

Mi Vida es tan completa ahora. Tengo paz en mi corazón. Tengo amor, esperanza y fe. Él siempre está conmigo, convirtiendo cada situación adversa en un testimonio glorioso de Su bondad y amor. Él me bendice cada día en todo lo que hago. ¡Es asombroso!

Si todavía no lo conoces, es mi oración que lo invites a tu vida ahora. No has leído este libro accidentalmente. Yo oré que llegara a las manos de aquellos quienes Él quiere tocar de manera especial. Oré que llegara a las manos de aquellos que necesitan conocerle íntimamente. Ahora tienes el libro. Eres la respuesta a mi oración. Eres especial y Él está tocando a la puerta de tu corazón ahora mismo, diciendo, "¿Me permitirás entrar a tu corazón y darte la Buena Vida? ¿Me permitirás entrar a los lugares de tu corazón donde Mi señorío nunca antes se ha establecido?

Si le dices, "Entra", Él lo hará. Él perdonará tus pecados y errores y te lavará de toda culpa y vergüenza. Él hará todas las cosas nuevas para ti. Te dará una corona de belleza en lugar de cenizas y aceite de gozo en lugar de angustia. Él cumplirá todas tus necesidades y llenará tu vida con alabanza. Él es tan bueno – ¡y es real!

Si quieres que Él entre a tu vida ahora mismo, sencillamente ora esta oración desde lo más profundo de tu corazón:

Querido Jesús,

Yo creo que solo Tú eres el camino, la verdad y la vida. Creo que Tú moriste en la cruz por mis pecados y que solo Tú eres mi Salvador y Señor. Entra a mi corazón ahora mismo y hazme una persona nueva desde adentro. Perdóname por cada pecado y error que he cometido y dame la Buena Vida. Establece Tu señorío en cada parte de mi ser. Amén".

Si has orado esta oración con todo tu corazón, has abierto la puerta a una nueva etapa en tu vida. Este encuentro es la primera vez que has invitado a Cristo a tu corazón, y ahora has nacido de nuevo, formando parte de la familia de Dios. Eres Su hijo(a) ahora y Él está tan feliz. La Biblia dice que Él hace fiesta cuando alguien recibe a Jesús como su salvador. Él entonces escribe tu nombre en el libro de la Vida.

Dios está feliz, el cielo está feliz, ¡Y yo también estoy feliz! Tu gozo ahora es la razón por la cual publiqué este libro.

Es mi oración que tu vida esté llena de ricas bendiciones y gozo más allá de lo que has experimentado en esta vida hasta ahora. ¡Que tu vida sea sin limitaciones! ¡Que tu nueva vida comience!

ACERCA DE PATRICIA KING

Patricia King es una ministra del evangelio altamente respetada a nivel internacional. Ha servido fielmente al Señor por más de treinta años en diferentes capacidades, como conferencista, profeta, pastora, autora, maestra, y más. Ella es fundadora de Patricia King Ministries, Women in Ministries Network – una red que celebra a las mujeres que sirven en cualquier área de ministerio dentro de las siete montañas (esferas) de influencia – y es co-fundadora de XPmedia.com – un sitio de internet que ofrece gran diversidad de videos con mensajes, enseñanzas, palabras proféticas, etc. por parte de ministros y otras voces reconocidas con alcance mundial. Además, ha escrito muchos libros, producido CDs y DVDs, y es anfitriona del programa de televisión "Patricia King— Everlasting Love" (Patricia King— Amor Eterno).

Conexiones:

Sitio web Patricia King: PatriciaKing.com

Facebook: Facebook.com/PatriciaKingPage

Patricia King Institute: PatriciaKingInstitute.com

Women on the Frontlines y Women in Ministry Network: Woflglobal.com

Programa de televisión Patricia King – Everlasting Love y muchos otros videos: XPmedia.com

LIBROS DE PATRICIA KING EN ESPAÑOL

Decreta – *una cosa y será establecida.*
Decretos basados en la Biblia sobre favor, salud, prosperidad, victoria, ministerio, sabiduría, familia, y muchos más.

7 Decretos para 7 Días
Decretos diarios en las áreas de Dios, sabiduría, bendición, favor, protección, salud, y provisión financiera

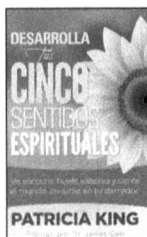

Desarrolla Tus Cinco Sentidos Espirituales – Ve, escucha, huele, saborea y siente el mundo invisible en tu derredor

La Unción de Reabastecimiento
Revelación y claves para vivir en aumento sobrenatural

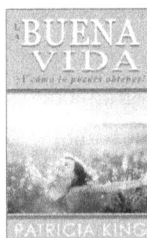

La Buena Vida – Claves para vivir la vida plena, próspera, y llena de propósito para la cual fuiste creado.

Sueñe en Grande
Cómo la segunda mitad de la vida puede ser la mejor

La Revolución Espiritual
Visitaciones angelicales, sueños proféticos, visiones y milagros

La Luz Pertenece a las Tinieblas
Encuentre su lugar en la cosecha divina en el final de los tiempos

Adquiérelos en Patriciaking.com y Amazon.com

www.ingramcontent.com/pod-product-compliance
Lightning Source LLC
Chambersburg PA
CBHW060359050426

42449CB00009B/1817